Le Roi des loups

Caroline Merola

Boréal Maboul

1

Une rencontre incroyable

C'est enfin l'été, et Margot rend visite à ses grands-parents à la campagne. Ils ont une belle petite maison près d'un lac et Margot y passe quelques jours, sans ses trois grands frères, sans ses parents.

À la campagne, on voit des animaux qui ne vont jamais en ville comme les lièvres, les taupes ou les marmottes. Grand-papa Mario dit qu'il y a même des loups dans la montagne, en face. C'est une blague, Margot ne le croit pas. Mais elle ne s'aventurerait pas toute seule dans cette montagne où il n'y a aucune maison, rien que des arbres.

Aujourd'hui, Margot est allée jouer au bord de l'eau. Comme les grenouilles ne se laissaient pas attraper, elle est retournée vers le champ. L'herbe y est si haute que sa tête dépasse à peine.

Margot, à quatre pattes, s'imagine être un

tigre dans la jungle. Elle avance prudemment. Le chasseur va passer et il ne faut pas qu'il l'entende. Margot ne bouge plus. À force de rester immobile au soleil, elle finit par s'endormir. Soudain, elle entend un drôle de son, comme le gémissement d'une petite bête blessée. Elle regarde autour d'elle, écarte les grandes tiges de foin, mais ne voit rien.

Elle se relève et appelle :

— Il y a quelqu'un ?

Personne ne répond. Margot n'est pas très rassurée.

Elle se penche et cherche encore. Elle aperçoit enfin, à moitié cachée par le feuillage d'un arbuste, une petite forme couchée sur le sol. On dirait un oiseau, avec ses ailes bleutées.

Margot regarde de plus près ; ce n'est pas un oiseau. C'est une minuscule personne, à peine plus grande que la main d'un enfant !

Margot est muette d'étonnement. Elle n'ose pas s'approcher davantage.

La petite femme ailée l'a aperçue et lui dit d'une voix faible :

— Viens, aide-moi !

2

Une fée épuisée

Margot se relève. Elle croit rêver. Elle voudrait montrer sa découverte à sa grand-mère.

La petite femme s'est assise. Elle semble épuisée. Elle dit à Margot :

— Tu n'as pas à avoir peur de moi. Je suis une fée des bois. D'habitude, les humains ne nous voient pas. C'est une chance pour toi de m'avoir trouvée. Et c'est une chance pour moi aussi…

La fée reprend son souffle :

— Il faut que tu m'aides. Je n'ai plus la force de voler. Depuis trois jours et trois nuits, je parcours les champs et les bois. Je n'ai rien bu, rien mangé.

Margot a pitié de la fée. Elle lui demande :

— Veux-tu que j'aille chercher des biscuits à la maison ? Et du lait ?

La fée sourit :

— Tu es gentille, petite fille, mais je ne mange que des fruits et je ne bois que de l'eau. Si tu pouvais m'emmener à l'ombre et m'apporter un peu d'eau, je te serais très reconnaissante.

Margot prend la petite fée dans ses mains et se dirige vers la maison.

— Non ! s'exclame la fée. Je dois t'avertir : il ne faut jamais, au grand jamais, qu'une autre personne me voie !

— Pourquoi ? demande Margot.

— Si cela arrive, je perdrai tous mes pouvoirs, je ne serai plus qu'une simple ondine, une fée des eaux. Tu es la première et dernière personne à qui je parle. Nous, les fées des bois, nous ne pouvons rencontrer qu'un seul humain dans notre vie.

Margot est étourdie : il y a donc des fées partout !

Elle demande :

— Les ondines, est-ce qu'on peut les voir ?

— Non, elles se cachent au fond des eaux. Mais elles s'amusent à pincer les orteils des enfants qui jouent dans les lacs et les rivières.

La fée se redresse et tend l'oreille.

— Attention, dit-elle, je crois que quelqu'un vient !

Margot a tout juste le temps de cacher la petite fée dans l'une des grandes poches de sa robe. Sa grand-mère est sortie sur le balcon.

— Où étais-tu, Margot ? Viens, j'ai fait une tarte aux fraises. On peut y goûter tout de suite, si tu veux.

3

Jean-Louis s'est enfui

Pour la première fois de sa vie, Margot n'a pas envie de tarte aux fraises. Elle préfère rester avec la fée. Elle bredouille :

— Euh... Merci, mais je n'ai pas faim.

Grand-maman Nicole la regarde d'un air étonné, puis retourne à l'intérieur.

Restée seule, Margot se dirige vers un coin ombragé, éloigné de la maison.

Elle dépose la petite fée sur l'herbe et repart vers la rivière chercher un peu d'eau, qu'elle ramène dans le creux de ses mains. La fée s'empresse de boire.

— Merci, je vais déjà mieux. C'est un joli nom « Margot ». Moi, je suis Félicité, la fée des couleurs. Au printemps, je colore certaines fleurs, comme les jonquilles et les jacinthes. Mais parlons de choses sérieuses.

— De choses sérieuses ? répète Margot.

— Oui, très sérieuses. Mes sœurs sont prisonnières du roi des loups. Il les croit responsables de la disparition du petit Jean-Louis, son fils. Il dit qu'elles l'ont encouragé à s'enfuir. Mais c'est faux ! Si Jean-Louis le loup est parti, c'est parce que son père est trop sévère. Mais comment le prouver ? J'ai jusqu'à minuit pour retrouver le petit Jean-Louis. Sinon, le roi des loups a promis de ne faire qu'une bouchée de mes sœurs. Enfin, quatre bouchées, car elles sont quatre. Oh, mon Dieu !

À ces mots, Félicité éclate en sanglots.

Margot est tout à l'envers. Pauvre Félicité !

Elle demande à la fée :

— Pourquoi me racontes-tu tout cela ? Je voudrais bien t'aider, mais j'ai trop peur du loup.

D'un bout de son aile, la fée essuie ses larmes.

— Oh, Margot ! Je ne te demanderais jamais d'aller affronter le loup. Si je t'ai tout raconté, c'est que je te crois digne de confiance et, surtout, je suis certaine que Jean-Louis se cache près d'ici. Je l'ai aperçu ce matin au bord de l'eau.

La fée fait une pause puis reprend :

— Mais je n'ai pas été assez rapide, il s'est enfui et je l'ai perdu de vue. Si je pouvais lui parler, il comprendrait. Il ne laisserait pas mes sœurs se faire manger. Il a bon cœur, le petit Jean-Loup !

À ce moment, Margot entend sa grand-mère l'appeler au loin :

— Ouh-ouh ! Margot, où es-tu ? Nous allons au village.

— Vite, va rejoindre ta grand-mère. Et ne pense plus à moi, Margot. Je saurai bien me débrouiller…

Margot l'interrompt :

— J'ai une bonne idée. Viens me retrouver sur le grand balcon ce soir à neuf heures. N'oublie pas, hein, neuf heures. Je vais t'attendre.

— Non, non, je n'oublie pas ! Merci, Margot, merci ! À ce soir ! Et garde le secret.

Margot part en courant vers sa grand-mère.

4

Par l'odeur alléché

Tout l'après-midi et toute la soirée, Margot ne cesse de penser à la fée. Elle se demande si elle n'a pas imaginé cette histoire. Personne n'a jamais rencontré de vraie fée !

Vers neuf heures moins le quart, Margot dit bonsoir à ses grands-parents et monte à sa chambre. Elle enfile un coupe-vent et se glisse sous les couvertures. Elle attend quelques minutes. Enfin, sans bruit, elle sort un pied du lit. Puis l'autre. Lentement et silencieusement, elle quitte la chambre et se dirige vers l'escalier.

Les grands-parents écoutent la télévision. Ils n'entendent pas Margot entrer dans la cuisine et ouvrir la porte du réfrigérateur. Elle en sort une grande assiette remplie de tranches de gigot qu'elle emporte sur le balcon.

Margot descend les quelques marches. Elle regarde partout. Il ne fait pas encore tout à fait noir.

Elle voit la montagne en face et les maisons voisines qui bordent le chemin. Mais pas de fée. Margot s'assoit sur l'une des marches. Elle se dit qu'elle a fait tout cela pour rien, qu'elle est bien naïve de croire qu'on peut donner rendez-vous à une fée !

Elle appelle quand même tout bas :

— Félicité ! Félicité ! C'est Margot !

Aussitôt, elle sent contre sa joue un mouvement d'ailes. La fée se pose sur son épaule.

Ainsi, Margot n'avait pas rêvé !

La fée lui demande :

— Tu veux attirer le petit loup avec le gigot ? C'est une bonne idée ! Mais allons plus loin. Jean-Louis ne viendra pas si nous restons près de ta maison.

Elles vont déposer l'assiette près de l'eau, là où Félicité a aperçu le petit loup la dernière fois.

À peine sont-elles retournées se cacher dans les hautes herbes qu'une ombre passe devant le lac. Puis, Margot entend un bruit de pas sur les galets. Des pas de loup ?

Elle écarte les herbes. Elle n'en revient pas. C'est ça, un loup ? On dirait un petit chien ! Il doit être affamé, car il dévore avec appétit le contenu de l'assiette. Félicité chuchote à l'oreille de Margot :

— Attends-moi ici. Je vais lui parler.

La fée vole jusqu'au petit loup. À son approche, l'animal sursaute, mais ne s'enfuit pas.

Margot les entend discuter, mais elle ne comprend pas ce qu'ils disent.

Au bout de quelques instants, ils la rejoignent.

Jean-Louis le loup flaire Margot de son museau humide. La pauvre fille n'est pas trop à l'aise. En la voyant craintive, Jean-Louis s'empresse de lui dire :

— Merci, petite fille, pour le bon repas.

Félicité m'a tout raconté. Je dois retourner chez moi si je veux sauver ses sœurs... même si je crains la colère de mon père !

Sa voix est basse et rauque. Margot est surprise d'entendre parler une bête, mais elle se dit que le fils d'un roi loup ne doit pas être comme les autres. Elle ne peut s'empêcher de lui demander :

— Ton père est donc si sévère ?

— Oui, il me parle toujours sur un ton autoritaire, et je dois souvent mettre des vêtements inconfortables parce que je suis un prince. Surtout, il ne me laisse jamais jouer avec les autres loups dans la forêt.

Margot comprend le pauvre loup.

— Je ne voudrais pas être à ta place, lui dit-elle. Tu ne te défends pas ?

— Bien sûr que si ! Mais ça ne change rien. Au contraire, il me punit davantage.

Félicité les presse :

— Dépêchez-vous ! Il faut qu'on soit au château avant minuit.

— Tu as raison, dit le jeune loup. Au revoir, petite fille !

Jean-Louis n'a pas fait deux pas qu'il s'arrête net. Il renifle l'air et dit :

— Vous feriez mieux d'aller vous cacher. Je reconnais l'odeur de mon père, il ne doit pas être loin.

5

Le grand méchant loup

Margot est saisie d'une grande frayeur. Elle reste figée sur place.

Le petit loup s'inquiète :

— Vite, Margot, surtout toi ! Mon père déteste les petites filles depuis l'histoire du Chaperon rouge.

Margot se secoue et court vers la maison. Elle voudrait aller plus vite, mais il fait noir et les grands foins la ralentissent. Elle se cogne contre une pierre et s'étale de tout son long par terre.

Elle entend alors un grognement, puis une grosse voix qui dit :

— Ainsi, te voilà !

Mon Dieu, c'est le roi des loups ! Il l'a trouvée et il va la manger, c'est terrible ! Mais le loup reprend :

— Alors, mon fils, où sont tes vêtements ?

Margot relève la tête. Entre les hautes herbes, elle entrevoit la bête à quelques pas d'elle. Le loup est vêtu de soie et d'or. Debout sur ses pattes de derrière, il est aussi grand qu'un homme.

Par chance, il ne l'a pas vue !

Le roi des loups prend son fils par la peau du cou.

— Regarde, tu es tout sale. C'est terminé, je te ramène au château et tu n'en ressors plus !

— Non, jamais ! Je m'ennuie au château. Et tu es méchant !

Le grand loup tourne soudain la tête.

— Mais, tu n'es pas seul ! Je sens l'odeur d'un petit enfant…

La malheureuse Margot frissonne de la tête aux pieds. Cette fois, ça y est, sa dernière heure a sonné ! Félicité vole au secours de Margot. Elle lui souffle à l'oreille :

— Ne crains rien, ma belle. Fais-moi confiance et tout ira bien. Pour commencer, remonte le capuchon de ton coupe-vent et…

Félicité n'a pas le temps de terminer sa phrase. Une haute silhouette noire se dresse devant elle et Margot.

6

Le sombre passé du roi loup

De ses yeux jaunes, le roi des loups fixe Margot.

— Eh bien, je ne m'étais pas trompé ! Approche, mon enfant. Tu sais que je n'aime pas les petites filles… sauf comme collation et avec beaucoup de crème. Ah ! Ah ! Ah !

En riant, le loup laisse voir ses crocs luisants.

Le petit Jean-Louis prend son courage à deux pattes et défend Margot :

— Laisse-la, papa. Elle n'a rien à voir avec

tout ça. Elle m'a seulement donné un peu à manger.

— Toi, lui dit son père, tu t'es assez fait remarquer comme ça. Tais-toi !

Profitant de l'inattention du roi des loups, Félicité tourne autour de Margot en répandant derrière elle une poussière lumineuse. La poussière tombe sur Margot comme de la neige scintillante. Par magie, les vêtements de la petite fille deviennent alors d'un beau rouge vif.

Le loup se retourne vers Margot et dit :

— Tu n'aurais pas dû te mêler des affaires du roi des loups. Allez, approche, que je te regarde. Tu n'es pas trop maigre, j'espère ?

En voyant Margot de plus près, le grand loup a un mouvement de recul. Il voit la petite fille en rouge avec son capuchon. À cet instant, tous ses souvenirs lui reviennent en mémoire : le petit Chaperon rouge, le chasseur, le coup sur la tête. Sa grande cicatrice sur le ventre le fait souffrir tout à coup.

— Mais, gronde-t-il, qu'est-ce que ça veut dire ? Qui... Qui es-tu ?

— Tu ne la reconnais pas ? répond Félicité. C'est le petit Chaperon rouge, voyons !

Puis, s'adressant à Margot, elle dit :

— Relève-toi, ma fille, le loup ne te fera pas de mal.

Le roi des loups n'en croit pas ses yeux... Ni ses grandes oreilles.

— C'est impossible ! Cela fait plus de trente ans. Elle n'a donc pas grandi ?

— Eh non, lui répond la fée, les petits Chaperons rouges ne grandissent jamais ! Mais ils

ont bonne mémoire. Maintenant que tu as retrouvé ton fils, tu dois libérer mes sœurs.

— Comment ? Libérer tes sœurs ? Pas question ! Elles ont encouragé mon fils à désobéir.

Jean-Louis l'interrompt.

— Elles n'y sont pour rien, papa. Je suis parti tout seul.

Le roi loup regarde son fils d'un œil sombre.

— C'est bon. Je libérerai les fées.

Puis, s'adressant à Margot, il demande :

— C'est vraiment toi, le petit Chaperon rouge ? Il me semble que tu étais plus joufflue, et moins frisée…

Sans réfléchir, Margot répond :

— Oui, c'est bien moi. Et je me souviens de tout !

Le loup baisse alors les yeux.

— Je te demande pardon pour la dernière fois, Chaperon rouge. J'étais jeune à l'époque. Je te jure que je n'ai plus essayé de manger de petites filles depuis ce jour.

Margot, qui a moins peur du loup, prend confiance et dit :

— J'espère que tu ne mangeras pas de petit garçon non plus. Et promets-moi d'être gentil dorénavant avec Jean-Louis, ton fils. Laisse-le jouer dans la forêt avec ses amis et s'habiller comme il le veut. Sinon, gare à toi, car mon père est un méchant chasseur et il pourrait te retrouver.

La petite fée lui chuchote à l'oreille :

— Ça va, Margot, n'en rajoute pas...

Mais le loup, très impressionné par les paroles de Margot, promet :

— Je ferai comme tu dis, Chaperon rouge, et tu n’entendras plus jamais parler de moi.

Le roi des loups prend son fils par l’épaule et se dirige vers la montagne.

Bientôt, ils disparaissent dans l’obscurité.

7

Le petit capuchon rouge

Félicité accompagne Margot jusqu'à la maison. La fée, toute contente, papillonne autour de Margot.

— Bravo, ma fille, bravo ! lui dit-elle. Tu as fait preuve de beaucoup de cran ! Maintenant, tu devrais aller te coucher, afin que personne ne s'aperçoive de ton absence.

— Oui, tu as raison. Est-ce que tu reviendras demain, Félicité ?

— Non, je ne crois pas. Je vais tout de suite chercher mes sœurs et nous retournerons dans notre famille, de l'autre côté de la montagne. Adieu, ma belle Margot ! Et merci !

— Adieu, petite fée !

Margot la suit des yeux un moment, puis remonte discrètement se coucher. Il doit être tard, mais ses grands-parents regardent toujours la télé. Ils n'ont rien entendu.

Margot s'endort presque aussitôt, en rêvant de fées, de petits loups et de Chaperons rouges.

Le lendemain, elle est encore tout engourdie de sommeil lorsqu'elle entend sa mère l'appeler tendrement :

— Margot ! Margot ! Tu dors encore, ma grande ? Il est dix heures passées. Nous sommes tous arrivés, ton père, tes frères et moi.

L'aîné de ses frères entre à ce moment dans la chambre et s'écrie :

— Allez, hop ! la petite. Debout !

Margot pousse les couvertures et s'assoit sur le bord du lit. Sa mère la regarde avec étonnement et lui dit :

— Mais, Margot, tu as dormi tout habillée ? Et… d'où viennent ces vêtements rouges ? Ce ne sont pas les tiens !

Margot s'aperçoit que la fée a oublié de redonner leurs vraies couleurs à son coupe-vent et à sa jupe. Elle explique alors à sa mère son exploit de la veille : comment elle a fait trembler le roi des loups en se faisant passer pour le petit Chaperon rouge.

Sa mère lève les yeux au ciel.

— Mon Dieu, Margot, l'air de la campagne te fait faire de drôles de rêves !

Son frère sort de la chambre en riant.

— Eh ! Vous savez quoi ? lance-t-il. Margot se prend pour le Chaperon rouge !

Margot décide de ne plus jamais parler de son aventure. Mais, dans sa famille, les vêtements rouges resteront toujours un mystère.

C'est quoi, Maboul ?

Quand tu commences à lire, c'est parfois difficile.

Avec **Boréal Maboul,** ça devient facile.

- Tu choisis les séries qui te plaisent.
- Tu retrouves tes héros favoris.
- Les histoires sont captivantes.
- Les chapitres sont courts.
- Les mots et les phrases sont simples.
- Les illustrations t'aident à bien comprendre l'histoire.

Caroline Merola
AUTHOR
Le Roi des loups
TITLE
Boréal Maboul